ORGANIZADORA PRISCILA RAMAZE

EDUCAÇÃO FINANCEIRA

Planejamento, lições práticas e sustentáveis

3º ANO

ENSINO FUNDAMENTAL

IBEP

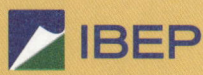

1ª edição
São Paulo – 2023

Educação Financeira: Planejamento, Lições Práticas e Sustentáveis
3º ano
© IBEP, 2023

Diretor superintendente	Jorge Yunes
Diretora editorial	Célia de Assis
Assessoria pedagógica	Juliana Silvestre dos Santos, Daniel Martins Papini Mota, Inês Calixto
Edição	RAF Editoria e Serviços, Mizue Jyo, Soraia Willnauer, Marília Pugliese Blanco, Deborah Quintal
Assistência editorial	Daniela Venerando, Isabella Mouzinho e Stephanie Paparella
Revisão	RAF Editoria e Serviços, Yara Afonso
Secretaria editorial e processos	Elza Mizue Hata Fujihara
Assistência de arte	Juliana Freitas
Ilustração	Alexandre Benites
Produção Gráfica Editorial	Marcelo Ribeiro
Projeto gráfico e capa	Aline Benitez
Ilustração da capa	Alexandre Benites
Diagramação	Nany Produções Gráficas

Impressão e Acabamento
Oceano Indústria Gráfica e Editora Ltda
Rua Osasco, 644 - Rod. Anhanguera, Km 33
CEP 07753-040 - Cajamar - SP
CNPJ: 67.795.906/0001-10

Dados Internacionais de Catalogação na Publicação (CIP) de acordo com ISBD

R166e Ramaze, Priscila

   Educação Financeira: Planejamento, Lições Práticas e Sustentáveis / Priscila Ramaze ; organizado por IBEP - Instituto Brasileiro de Edições Pedagógicas. - São Paulo : IBEP - Instituto Brasileiro de Edições Pedagógicas, 2023.
   il. ; 20,5 cm x 27,5 cm. - (Educação Financeira 3º ano)

   ISBN: 978-65-5696-476-8 (aluno)
   ISBN: 978-65-5696-477-5 (professor)

   1. Educação. 2. Ensino fundamental. 3. Educação Financeira. I. IBEP - Instituto Brasileiro de Edições Pedagógicas. II. Título. III. Série.

2023-1213   CDD 372.07
                                                  CDU 372.4

Elaborado por Vagner Rodolfo da Silva - CRB-8/9410

Índice para catálogo sistemático:
1. Educação - Ensino fundamental: Livro didático 372.07
2. Educação - Ensino fundamental: Livro didático 372.4

1ª edição – São Paulo – 2023
Todos os direitos reservados

Rua Gomes de Carvalho, 1306, 11º andar, Vila Olímpia
São Paulo (SP) – 04547-005 – Brasil – Tel.: (11) 2799-7799
www.editoraibep.com.br   editoras@ibep-nacional.com.br

APRESENTAÇÃO

Querido leitor,

Este livro foi escrito para mostrar que educação financeira é um assunto importante para todo mundo e, também, para as crianças. Nesta coleção, você verá diversas situações do cotidiano que envolvem educação financeira. Além disso, você aprenderá como é importante, desde pequeno, ser responsável, ajudar nas tarefas domésticas e participar das decisões sobre o orçamento da família, fazendo a sua parte para economizar e poupar dinheiro. É desse modo que conseguimos realizar nossos sonhos!

Acompanhe as situações apresentadas em cada lição e aproveite a jornada do conhecimento sobre o valor do dinheiro, como lidar com ele, como planejar o dia a dia, como concretizar sonho e muito mais. Aproveite as histórias e essa jornada do conhecimento. Boa leitura e bons estudos!

A autora.

SUMÁRIO

Lição 1 – Consumo consciente 4

Lição 2 – Meios de pagamento 10

Lição 3 – Cuidados com a escola 20

Lição 4 – Planejando uma viagem em família 28

Ao ver estes ícones, você vai:

 manifestar-se oralmente.

 interagir com a família e com os colegas.

LIÇÃO 1 >>> CONSUMO CONSCIENTE

💬 **Observe a imagem e converse com os colegas e com o professor.**

- Que tipo de embalagem esse mercado utiliza para colocar as compras?
- Que tipo de sacola os consumidores que aparecem na imagem estão usando para fazer suas compras?
- Por que você acha que as pessoas da imagem optaram por **não usar** sacolas descartáveis de plástico?
- E sua família? Que tipo de sacola costuma utilizar quando vai às compras?

Além de sacolas e saquinhos, se olharmos à nossa volta veremos que centenas de objetos que utilizamos no dia a dia são feitos de plástico: brinquedos, utensílios para a casa, instrumentos musicais, peças de carros, eletrodomésticos, computadores e até celulares. Por ser resistente, versátil e durável, o plástico é um dos materiais mais usados no mundo.

Para produzir o plástico são retirados muitos recursos da natureza, como água e fontes de energia como o carvão, além da matéria-prima, o petróleo. E depois que é "jogado fora", o plástico leva cerca de 450 anos para desaparecer do meio ambiente.

Então, já imaginou o que pode acontecer se o plástico continuar a ser fabricado sem parar? O planeta perderia cada vez mais seus recursos naturais e se transformaria em um verdadeiro oceano de plástico! Por isso é tão importante reduzirmos o consumo de plástico e descartá-lo corretamente.

ATIVIDADES

1 Você já sabe que a matéria-prima do plástico é o petróleo. Qual será a matéria-prima dos outros materiais que usamos no dia a dia? Faça uma pesquisa e relacione as colunas.

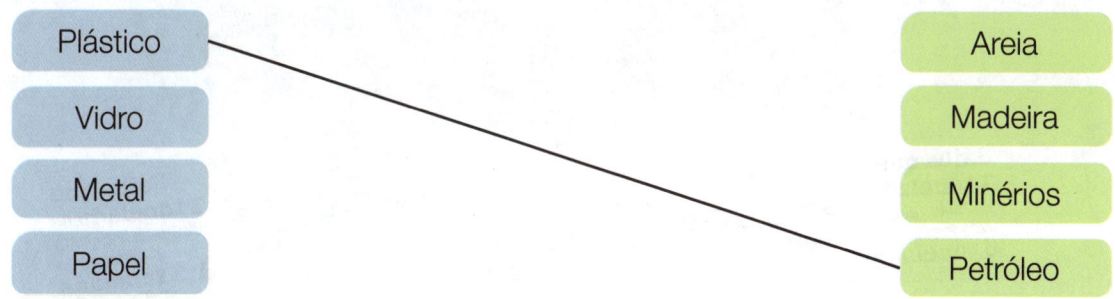

2 Cite algumas atitudes que você acha que podemos adotar para prolongar o uso do plástico que já foi produzido e está circulando no mundo.

_____

_____

Existem várias maneiras de cuidar do planeta Terra, e uma delas é praticar o **consumo consciente**, preferindo produtos que não fazem mal ao meio ambiente e evitando o desperdício e o exagero.

Outra prática muito valiosa para a preservação do planeta é a **reciclagem do lixo**. Muitos objetos que jogamos fora e chamamos de lixo, achando que não têm mais utilidade, podem ser, por meio de processos de reciclagem, transformados novamente em matéria-prima e, depois, em novos produtos.

Observe o infográfico a seguir, que traz uma lista dos principais itens que podem ir para a reciclagem, dividido por tipo de material. Consulte-o toda vez que tiver dúvidas na hora de separar o lixo!

Governo do Estado de São Paulo. Secretaria do Meio Ambiente. Disponível em: http://grupopaco.com.br/blog/faca-voce-mesmo/separando-o-seu-material-para-reciclagem/. Acesso em: 20 abr. 2023.

3 Leia as etiquetas do infográfico. Depois, relacione os materiais listados na primeira coluna ao benefício que sua reciclagem pode trazer ao planeta Terra e descubra por que a reciclagem é tão importante para o meio ambiente.

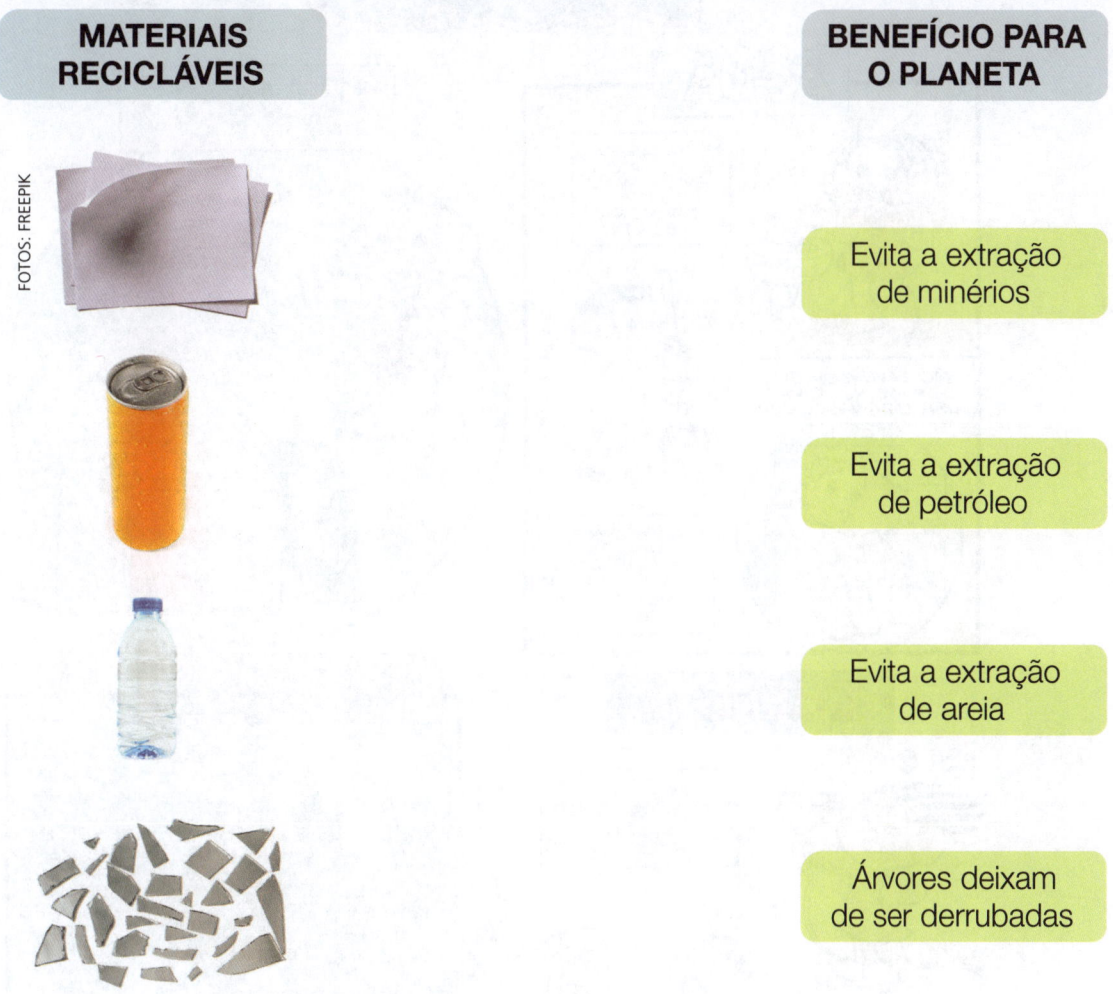

4 Uma das etiquetas do infográfico informa que se reciclarmos 1 tonelada de alumínio, economizaremos 5 toneladas de minério. Sabendo que 1 tonelada tem 1 000 quilos, quantos quilos de minério economizaremos?

5. Leia, a seguir, as dicas de consumo consciente dadas pela Turma da Mônica.

Mauricio de Sousa. *Turma da Mônica*. Você Sabia? Meio Ambiente, nº 10, maio 2004, p. 10.

a) Quais dicas mostradas pela Turma da Mônica já fazem parte do seu dia a dia?

_____

_____

b) 💬 Cite algumas atitudes que podemos adotar para consumir os recursos naturais (como água, energia e alimentos) de modo consciente.

c) 💬 Na história em quadrinhos, Cascão diz que "reciclar papel significa não derrubar árvores". O que você entende dessa frase do Cascão?

d) 💬 Que outras atitudes podemos adotar para proteger o meio ambiente, diminuir a poluição e economizar os recursos naturais?

e) 💬 Converse com seus familiares sobre as atitudes que devemos ter para proteger o meio ambiente.

A separação do lixo para reciclagem ajuda a preservar o meio ambiente.

>>> Nesta lição, você entendeu o quanto é importante fazer o lixo deixar de ser lixo, por meio da reciclagem de materiais. Isso diminui as retiradas de matéria-prima da natureza. No entanto, para que a reciclagem aconteça, é preciso praticar a separação dos resíduos que jogamos no lixo. Esta é uma atitude fácil, que pode começar em casa, bem pertinho de você, e que vai ajudar o planeta Terra inteiro!

LIÇÃO 2 >>> MEIOS DE PAGAMENTO

- **Observe a imagem e converse com os colegas e com o professor.**
  - O que as famílias mostradas nas imagens estão fazendo?
  - De que maneira as duas famílias estão pagando as compras no caixa?
  - Você costuma acompanhar seus familiares quando eles fazem compras?
  - Que meio de pagamento seus pais costumam utilizar para pagar compras?

Quando compramos produtos ou contratamos serviços podemos fazer o pagamento ao vendedor ou ao prestador por diferentes meios de pagamento, como **dinheiro em espécie**, **cartão de crédito**, **cartão de débito**, **transferência entre contas bancárias**, **PIX**, **cheque**, **boleto bancário**, entre outras maneiras. Conheça, a seguir, um pouco mais sobre cada um desses meios de pagamento.

O meio de pagamento mais antigo e conhecido é o **dinheiro em espécie**, ou seja, o dinheiro na sua forma física: são as cédulas (notas) e as moedas. É um modo seguro e prático de pagamento; no entanto, quando o valor do pagamento é muito alto, se torna inviável, pois seriam necessárias muitas cédulas e moedas para compor o valor. O dinheiro em espécie também é conhecido como "dinheiro vivo".

Os **cartões magnéticos** são um meio de pagamento prático, seguro e muito aceito nos estabelecimentos. Seu uso evita que as pessoas circulem com grandes quantias de dinheiro em espécie. Por isso, ficaram conhecidos como "dinheiro de plástico". Os cartões são oferecidos por bancos e empresas financeiras, por isso, geralmente geram taxas para quem os usa.

Ao fazer um pagamento com um cartão de débito, o valor é descontado (debitado) imediatamente da conta bancária do dono do cartão. No caso do cartão de crédito, o valor do pagamento entra para uma lista de despesas do dono do cartão, que deve ser paga no dia do vencimento do cartão, geralmente após 30 ou 40 dias.

PIX é um meio de pagamento instantâneo e eletrônico brasileiro, em que os recursos são transferidos entre contas correntes em pouco tempo, a qualquer hora ou dia. Para receber por PIX é necessário cadastrar uma chave, denominada chave PIX (código composto pelo número do celular, e-mail ou CPF).

O PIX é um meio de pagamento que promove inclusão financeira, uma vez que qualquer pessoa pode pagar ou receber por PIX.

O **cheque** é um meio de pagamento que surgiu há mais de 100 anos e era muito usado quando ainda não existiam os cartões nem as transferências. É um retângulo de papel preenchido com o valor do pagamento (em algarismos e por extenso) e assinado pelo dono do cheque. O recebedor pode depositar o cheque em sua conta bancária, para que o banco transfira o dinheiro da conta do pagador para a dele (e isso leva alguns dias para acontecer), ou trocá-lo imediatamente por dinheiro vivo no banco em que o pagador tem conta.

O **boleto bancário** é um documento, impresso por um banco, que registra o valor que alguma empresa tem a receber pelo fornecimento de algum produto ou serviço e a data em que esse valor deve ser pago (vencimento). Se for pago após a data, pode haver cobrança de valores extras (taxas, multas, juros etc). Pode ser pago em agências bancárias, casas lotéricas e até em algumas lojas e supermercados – não é necessário que o pagador tenha conta em banco.

Transferência bancária é uma forma segura de enviar dinheiro de uma conta bancária para outra. Para realizar uma transferência bancária, geralmente é necessário fornecer informações como o número da conta bancária de destino, o nome do beneficiário, o número do CPF. Dependendo do tipo de transferência e do banco, podem ser aplicadas taxas e tarifas.

Os meios de pagamento evoluíram com o tempo, e hoje há vantagens e desvantagens no uso de cada um deles. O cartão de crédito, por exemplo, permite que você vá acumulando diversas compras em uma lista – a **fatura** – para pagá-las só mais tarde. Mas atenção! Se você atrasar o pagamento, pagará multas e taxas bem altas. O cartão também permite que você faça compras parceladas.

Cada pessoa deve escolher o meio de pagamento que quer utilizar, mas é sempre necessário fazer uma organização financeira para que tenha suas contas saudáveis.

ATIVIDADES

1 Leia a história em quadrinhos a seguir e descubra o **meio de pagamento** que a Mônica utilizou para pagar sua compra.

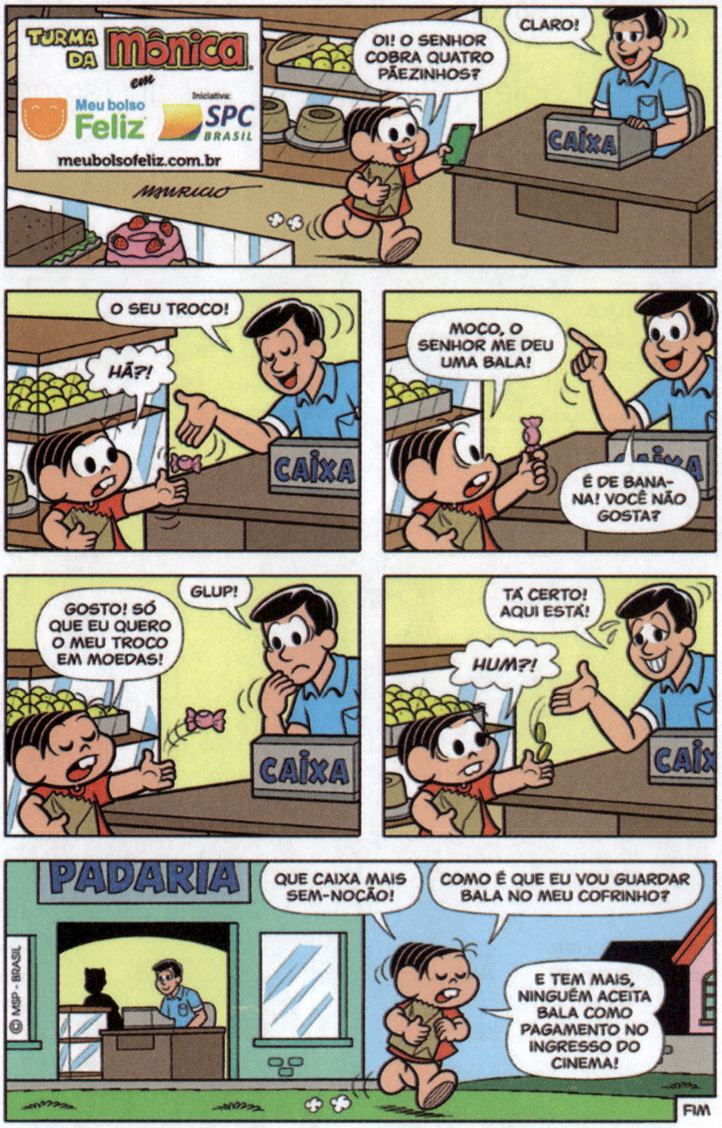

Mauricio de Sousa. Disponível em: https://meubolsofeliz.com.br/turma-da-monica-troco/. Acesso em: 23 abr. 2023.

Converse com o professor e com os colegas:

a) O que Mônica comprou?

b) Que meio de pagamento ela usou para pagar a compra que fez?

c) O que o atendente do caixa usou para dar o troco de Mônica?

d) Por que Mônica não aceitou o que foi dado como troco?

e) Você já viveu alguma situação parecida com a da Mônica?

2 Das formas de pagamento listadas a seguir, assinale aquela(s) que pode(m) ser feita(s) sem que o pagador precise ter conta bancária.

◯ Pagamento com notas e moedas.   ◯ Pagamento com cheque.

◯ Pagamento com cartão de débito.   ◯ Pagamento por PIX.

◯ Pagamento por boleto bancário.   ◯ Transferência entre contas.

3 Leia a história a seguir. Depois, responda às questões.

Adaptado de: Fundação Itaú Unibanco. *Dinheiro é um assunto que se aprende cedo*. Disponível em: https://www.fundacaoitauunibanco.com.br/educacao-financeira-e-previdenciaria/uso-consciente-do-dinheiro/dicas-em-quadrinhos/. Acesso em: 24 abr. 2023.

a) Quem você acha que fez a lista de compras que Marcelo está lendo?

b) Em que momento você acha que a lista foi feita?

c) Você acha que levar uma lista pronta ao mercado ajudou na tarefa das compras? Por quê?

d) Qual item da fala de Marcela realmente fazia parte da lista?

e) A bolacha recheada, o sorvete e o pirulito também foram comprados? Por quê?

f) O que você acha da atitude de Marcela? Já ocorreu algo parecido em compras de supermercado com sua família? Como foi resolvida a situação?

> Escrever uma lista antes de ir ao supermercado é uma boa maneira de se organizar e de planejar as finanças da casa. Anotar na lista apenas os itens e as quantidades de que você precisa no momento – e seguir a lista! – evita exageros e a compra de itens desnecessários.
>
> Outra atitude muito positiva que faz parte do planejamento financeiro é sempre se informar do preço dos produtos ou serviços que você deseja adquirir. Assim, você fica sabendo antecipadamente se tem ou não dinheiro suficiente para fazer a compra e se consegue pagar à vista. Caso negativo, permite que você se organize para poupar dinheiro até alcançar o valor total do item desejado, ou, se for o caso, de recorrer a um parcelamento do valor. É sempre bom se informar também das condições do parcelamento.
>
> Consulte e compare preços de diversas lojas, estabelecimentos e até de profissionais cujo serviço você esteja querendo contratar. É possível economizar bastante com essa atitude simples!

4 Felipe decidiu comprar uma bicicleta de presente de aniversário para a filha. Ele não pesquisou preços antes de ir à loja e, chegando lá, viu que a bicicleta custava R$ 420,00. Felipe só tinha R$ 200,00 em dinheiro.

a) Quais meios de pagamento Felipe pode usar para pagar a bicicleta?

b) Que valor está faltando para Felipe conseguir comprar a bicicleta?

_____

c) Se o pagamento da compra for à vista, a loja oferece R$ 50,00 reais de desconto. A bicicleta sairá pelo valor de:

_____

d) E agora? Quanto faltaria para Felipe conseguir comprar a bicicleta?

_____

e) Se o pagamento da compra for a prazo, ou seja, ao longo de alguns meses, a loja cobra 10 parcelas mensais de R$ 49,00. Se Felipe aceitar esse plano de pagamento, quanto terá pago pelo produto depois dos 10 meses? Pinte a resposta certa.

(R$ 420,00)   (R$ 490,00)   (R$ 370,00)   (R$ 520,00)

f) Qual é a diferença entre o valor total que Felipe pagará na compra parcelada e o valor que pagará na compra à vista?

_____

g) Em qual das duas modalidades Felipe economizará mais?

◯ Comprando à vista.   ◯ Parcelando em 10 vezes.

Justifique sua resposta:

_____

_____

h) Mas Felipe não tem o valor necessário para comprar a bicicleta à vista. Então, a loja propôs parcelar o valor da compra em quatro vezes no cartão de crédito. Nesse caso, cobrará o valor original de R$ 420,00. Quanto Felipe pagará em cada parcela? Faça os cálculos e, depois, desenhe uma tabela em seu caderno, projetando os meses e as parcelas que Felipe terá pela frente.

i) Você acha que Felipe fez uma boa escolha parcelando a compra em quatro vezes? Por quê?

j) O que você acha que acontecerá se Felipe não pagar as parcelas?

5 Observe o orçamento a seguir. Ele é parte do planejamento que Felipe e sua esposa fizeram para a comemoração do aniversário de Lívia, a filha deles.

Quantidade	Item da festa	Valor	Valor unitário
1	Presente (bicicleta)	R$ 420,00	
	Decoração	R$ 350,00	
	Aluguel de mesas e cadeiras	R$ 100,00	
1	Bolo	R$ 240,00	
300	Docinhos	R$ 300,00	
200	Salgadinhos	R$ 200,00	
60	Ingredientes para fazer 60 cachorros-quentes	R$ 240,00	
21	Lembrancinhas	R$ 121,00	
	Aluguel da cama elástica	R$ 260,00	
	Aluguel da piscina de bolinhas	R$ 130,00	
	GASTO TOTAL DA FESTA		

a) Quanto os pais de Lívia vão gastar para fazer a festa? Some os itens e anote o total na tabela.

b) O valor do orçamento ficou acima do que os pais de Lívia esperavam. Para diminuir os gastos, os três concordaram em cancelar os cachorros-quentes, as lembrancinhas e a piscina de bolinhas. Quanto eles vão conseguir economizar tirando da festa esses 3 itens?

_____

c) Com a economia do valor acima, qual será o valor total do orçamento?

_____

6 Para pagar os gastos com a festa de aniversário, Felipe e a esposa utilizarão R$ 1000,00 que têm guardado na poupança.

a) Faça um **X** no quadro que representa essa quantia.

b) Que valor ainda falta para que a festa possa ser paga?

7 🗨️ Reúna-se com outros dois colegas e, juntos, preparem um orçamento familiar. Para isso, sigam os passos a seguir.

a) Conversem no grupo e façam pesquisas em jornais e revistas, em meios impressos e na internet para saber qual é a renda média das famílias brasileiras. Definam e registrem a seguir a renda que vão utilizar para fazer um orçamento familiar, que deve ser próxima da renda média das famílias brasileiras.

b) Pinte as despesas que você acha que essa família deve ter todos os meses.

Gás	R$ 120,00
Água	R$ 150,00
Energia elétrica	R$ 250,00
Telefone	R$ 90,00
Internet	R$ 120,00

Escola	R$ 400,00
Supermercado	R$ 3 000,00
Farmácia	R$ 250,00
Prestação da casa	R$ 500,00
Transporte público	R$ 300,00

c) Some todas as despesas que você coloriu.
_____

d) Subtraia da renda mensal da família o total das despesas.
_____

e) Quanto sobrou no orçamento?
_____

f) O que poderia ser feito com a sobra desse orçamento? Assinale as alternativas possíveis.

◯ Colocar na poupança.   ◯ Comprar um tênis novo.

◯ Viajar.   ◯ Gastar com os amigos da família.

◯ Outros. _____

>>> Nesta lição, você aprendeu um pouco mais sobre o universo do dinheiro, conheceu os diferentes meios de pagamento que existem na atualidade e a diferença entre compra à vista e compra a prazo. Você também ficou sabendo que fazer orçamentos, pesquisa e comparação de preços, organizar e planejar as finanças pessoais e da família e cultivar o hábito de economizar e poupar dinheiro são a chave para a realização de todos os seus sonhos. Quer chegar mais perto deles? É só começar a praticar o planejamento financeiro desde já!

LIÇÃO 3 >>> CUIDADOS COM A ESCOLA

💬 **Observe a imagem e converse com os colegas e com o professor:**

- Quem são os personagens que fazem parte dessa cena?
- Você acha que as pessoas dessa cena estão cuidando da escola?
- O que você considera importante fazer para que uma escola seja bem cuidada?

Uma semana tem 7 dias, e as crianças costumam ir para a escola em 5 dias da semana. Nesses 5 dias, elas permanecem na escola por 4 horas, no mínimo. Isso sem falar das escolas que funcionam em período integral, ou seja, o dia inteiro. É bastante tempo, não é mesmo?

Em um só dia na escola, muitas coisas são feitas: você aprende sobre vários assuntos diferentes, participa de brincadeiras, estuda, se alimenta, se exercita, vai ao banheiro, faz lição, bebe água, brinca e conversa com muitas pessoas. E é na escola que as primeiras amizades costumam ser formadas.

Por tudo isso, é comum ouvirmos dizer que a escola "é a segunda casa de uma criança". A escola é um espaço de convivência muito especial, em que você passa uma boa parte da sua vida. Então, é muito importante que você conviva bem, cultive amigos e sinta-se bem nesse espaço, que precisa ser seguro, saudável e tranquilo. E cuidar bem da escola e agir coletivamente para que os cuidados sejam sempre mantidos é o primeiro passo para alcançar esse objetivo.

ATIVIDADES

1 Releia o primeiro parágrafo do texto e responda às questões a seguir.

   a) Quantas horas por semana as crianças permanecem na escola?

   b) Sabendo que um mês tem cerca de 4 semanas, quantas semanas tem um ano inteiro?

2 Leia as tirinhas abaixo, em que o personagem Armandinho explica por que ele acha melhor ir à escola do que ter aulas *on-line*.

Alexandre Beck. *Armandinho*. Tirinhas 3073/19 e 3074/19.

a) Há quantos personagens nessa tirinha?

b) Sobre o que eles conversam?

c) Releia as falas do Armandinho e pinte do que ele gosta e acha importante na escola.

3 Você conhece os profissionais que trabalham na sua escola? Sabe as suas funções? Escreva onde eles trabalham e o que eles fazem.

a) Complete a tabela abaixo com a função e a descrição do trabalho feito pelo funcionário.

Local de trabalho	Descrição do trabalho

4 Na escola em que Roberta e Maurício estudam, cada funcionário da secretaria trabalha 8 horas por dia, 5 dias na semana.

a) Quantas horas esses funcionários trabalham por semana?

b) Para realizar o trabalho, os funcionários recebem a quantia de R$ 1.600,00 por mês. Se considerarmos que cada mês tem, em média, 4 semanas, quanto eles recebem, aproximadamente, por semana trabalhada?

>>> VOCÊ SABIA?

Algumas pessoas fazem trabalhos e não recebem nenhum dinheiro em troca, como donas de casa que realizam tarefas domésticas, pessoas que fazem serviços voluntários em instituições de caridade, igrejas, ONGs, entre outros. Esse tipo de trabalho em que não há pagamento (remuneração) é chamado **trabalho não remunerado**.

O **trabalho remunerado** é aquele em que a pessoa recebe um pagamento em troca do trabalho que faz. Por exemplo: o professor, o diretor, o dentista, o padeiro, o vendedor, o segurança da escola, o atendente, entre muitos outros.

Quase todas as escolas têm uma equipe de serviços de limpeza e manutenção: serventes, faxineiros, zeladores, jardineiros etc. Mas isso não quer dizer que outros funcionários e os próprios alunos não possam ajudar, de diferentes maneiras, a cuidar do ambiente. Por exemplo, na escola em que Roberta e Maurício estudam, a professora de Ciências sempre deixa as mesas limpas depois de fazer alguma experiência com a turma. Desse modo, ela já garante que a sala fique em ordem mesmo antes de os funcionários da limpeza chegarem. Resultado: o ambiente logo fica limpo e organizado, e a professora colabora para que o trabalho da equipe seja mais rápido.

5 A professora de Ciências comprou alguns produtos químicos para fazer experiências na aula. A compra foi à vista, e o total foi R$ 47,00. O meio de pagamento escolhido foi dinheiro em espécie: ela deu ao caixa uma nota de R$ 100,00.

a) Calcule qual foi o valor do troco.

b) Circule um conjunto de notas e moedas que, somadas, representam o troco que a professora recebeu.

6 O salário da professora Flávia para dar aulas durante 5 dias na semana é de R$ 5.200,00. Mas no mês passado Flávia recebeu um bônus de R$ 350,00 pelo seu desempenho. Qual foi o valor total recebido por Flávia nesse mês?

Além do salário dos professores e funcionários, uma escola tem muitas outras despesas, entre elas, o aluguel, as contas de água e luz, manutenção do prédio e equipamentos. Quando economizamos água e energia elétrica da escola, além de ajudar a manter o orçamento da escola saudável, estamos também consumindo com moderação os recursos do meio ambiente.

7 Em um determinado mês, a despesa de energia elétrica na escola onde a professora Flávia trabalha foi de R$ 2.023,00.

a) Escreva por extenso o valor da conta.

_____

_____

b) 💬 Converse com seus colegas sobre atitudes que vocês podem tomar para ajudar a escola a reduzir a despesa com energia elétrica.

››› VOCÊ SABIA?

Ao lavar as mãos com a torneira aberta, uma pessoa pode gastar cerca de 15 a 20 litros de água por minuto. É preciso estar atento ao tempo com a torneira aberta, para que a água seja utilizada com consciência, diminuindo o dano ao meio ambiente.

c) Como fazer o gasto de água diminuir na escola e em casa?

d) Cite uma atitude que os alunos podem ter para cuidar da escola e, ao mesmo tempo, ajudar a preservar o meio ambiente.

8 O professor vai organizar a turma em grupos. Conversem entre si sobre mudanças que poderiam ser feitas na escola para melhorar a conservação do prédio, a segurança e o bem-estar de todos.

a) Elaborem uma lista com as sugestões de mudanças para o professor encaminhar ao diretor da escola.

b) Para a escola poder colocar em prática as sugestões feitas, ela terá de comprar algum material: algum móvel, equipamento ou mesmo contratar o serviço de algum profissional de fora da escola? Façam uma tabela dos itens e serviços que seriam necessários, com valores estimados.

c) Agora, com a lista pronta, reflitam e discutam em grupo de que modo é possível economizar nesses itens. Por exemplo: se a escola precisa ser pintada, é possível reunir os pais em um mutirão para fazer a pintura, em vez de contratar um pintor? Analisem cada item e, na última coluna, escreva a ideia que tiveram para economizar.

9 Uma vez por semana, os alunos colaboram com a manutenção do jardim da escola. Para a entrada da primavera, a escola comprou algumas plantas e algumas mudas de árvores frutíferas. Veja a seguir a relação das plantas adquiridas com seu respectivo valor.

LISTA DE COMPRAS

4 suculentas	R$ 20,00
5 violetas	R$ 30,00
2 girassóis	R$ 15,00
1 samambaia	R$ 35,00
1 pé de amora	R$ 55,00
1 pé de acerola	R$ 45,00
Flores diversas	R$ 16,00

a) Qual foi o valor total gasto com a compra das plantas?

_____

b) A compra foi a prazo, e o valor total foi parcelado em quatro vezes. Complete o quadro com o mês e o valor de cada parcela.

Parcelas	Valor
1ª parcela	

››› Nesta lição, aprendemos que cuidar bem dos ambientes e do funcionamento da escola gera bem-estar, segurança e vantagens para todos que convivem no espaço escolar. Vimos também que, embora alguns cuidados sejam realizados por funcionários e profissionais específicos, participar do cuidado e da melhoria da escola é de interesse e da responsabilidade de todos. E que há muitas maneiras de colaborar no dia a dia, ajudando a economizar os recursos da escola e do meio ambiente.

LIÇÃO 4 >>> PLANEJANDO UMA VIAGEM EM FAMÍLIA

💬 **Observe a imagem e converse com os colegas e com o professor:**

- Para que lugar você gostaria de viajar com sua família?
- O que uma família precisa fazer para conseguir viajar?
- Você acha que é possível fazer uma viagem sem organização? Explique.

O texto a seguir é sobre uma família que descobriu um jeito curioso de organizar as despesas – e reservar dinheiro para seu "plano secreto".

Dinheiro guardado, dinheiro bem usado

Na minha casa decidimos adotar o sistema dos envelopes para organizar as várias despesas mensais, bimestrais e anuais. Logo no início do mês, quando meus pais recebem seus salários, colocamos lá a quantia estipulada para cada despesa.

Assim, temos o envelope do gás, da luz, da água, do mercado, da feira, da padaria, do aluguel e um que chamamos de "plano secreto".

Dessa maneira, minha família descobriu que antes gastava mais do que podia e que agora, colocando um pouco de dinheiro todos os meses no envelope "plano secreto", passamos a planejar o que faríamos no final do ano.

Brasil. Ministério da Educação. Educação Financeira nas escolas – Ensino Fundamental. Brasília, MEC, 2014. p. 30. Disponível em: https://gmw.investidor.gov.br/wp-content/uploads/2021/03/ef_aluno_livro3_isbn_ok_web.pdf. Acesso em: 28 mar. 2023.

ATIVIDADES

1 Com base no texto que você leu, responda às questões.

a) Quais foram os envelopes para despesas que a família criou? Escreva o nome de cada um:

b) As despesas pagas com o dinheiro dos envelopes são:

○ despesas extras.   ○ despesas fixas.

○ despesas eventuais.   ○ renda.

c) De onde vem o dinheiro que é colocado no envelope "plano secreto"?

_____
_____

d) O que você acha que a família vai fazer com o dinheiro desse envelope?

_____
_____

2 Beto pretende fazer uma viagem à praia com sua esposa e seu enteado. Faltam seis meses para as férias de verão, mas ele resolveu começar a se planejar desde já, fazendo uma previsão dos gastos que a viagem pode envolver. A viagem vai durar quatro dias. Veja quais são os gastos previstos:

Aluguel de um apartamento	R$ 120,00 por dia
Combustível para para o carro – viagem de ida	R$ 180,00
Alimentação	R$ 280,00
Passeios	R$ 130,00

a) Qual é o valor total que será gasto com combustível para ir à praia e voltar? Faça os cálculos no espaço abaixo.

b) Quanto será gasto com o aluguel do apartamento no total, ou seja, pelos quatro dias de aluguel?

_____

c) Observe agora como ficou a previsão para a viagem. Depois, some os itens e anote o total previsto.

> - Combustível: R$ 360,00
> - Aluguel do apartamento: R$ 480,00
> - Alimentação: R$ 280,00
> - Passeios: R$ 130,00

Total previsto: _____

d) Durante o ano a família economizou e poupou, no envelope "plano secreto", R$ 1425,00. O orçamento da família permite que façam a viagem de férias? Explique.

_____
_____
_____

e) O valor poupado no envelope "plano secreto" é um pouco mais que o valor necessário para a viagem. O que resta pode ser levado para a viagem, como um valor de reserva para imprevistos. Qual é esse valor?

_____
_____

f) O valor total previsto pela família apresenta quantas unidades de milhar, centenas, dezenas e unidades?

_____
_____

As férias foram excelentes! Beto, Jaqueline e Gustavo se divertiram muito. Juntos, cuidaram para que os custos da viagem permanecessem dentro do planejamento que fizeram, ou seja, para não gastarem mais do que o planejado. A família ficou tão animada que já faz planos para o novo "plano secreto"!

3 Agora é sua vez de fazer o orçamento da família e ajudar a planejar algo que desejam. Pode ser uma viagem, ou algo que queiram adquirir, como um eletrodoméstico ou uma bicicleta. Converse com seus pais e sigam os passos a seguir.

a) Anotem as despesas fixas da família: contas de água, gás, energia elétrica, combustível (se a família tiver algum automóvel).

b) Analisem essas despesas fixas e pensem como poderiam ser diminuídas. É possível economizar a energia elétrica? Por exemplo, tomar cuidado em não deixar a luz acesa em cômodos da casa em que não esteja ninguém? E economizar água? Será que os familiares fecham a torneira enquanto escovam os dentes, por exemplo?

c) Analise onde estão os maiores gastos:
- Será que a família está consumindo algo de que não precisa?
- O que você pode fazer para ajudar a conta de luz e água ficar mais barata?
- Será que cuidar de brinquedos e roupas ajuda a família a economizar?

d) Comparem o valor das despesas e o valor da renda e verifiquem quanto pode ser poupado por mês para o "plano secreto" da sua família.

>>> Nesta lição, aprendemos que, quando todos se comprometem com o orçamento familiar, fica mais fácil organizar as despesas. Com a organização das despesas, é possível incluir o lazer do final de ano, porque o descanso e o entretenimento são essenciais para o bem-estar e a qualidade de vida de todos os membros da família.

Vimos também que planejar as atividades de lazer com antecedência, considerando os custos envolvidos, como transporte, alimentação, passeios etc., permite que nos organizemos financeiramente e, desse modo, evitemos gastos impulsivos ou despesas fora do orçamento.

MOEDAS

MATERIAL DE APOIO – Educação Financeira: planejamento, lições práticas e sustentáveis – 3º ano

CÉDULAS

MATERIAL DE APOIO – Educação Financeira: planejamento, lições práticas e sustentáveis – 3º ano

MATERIAL DE APOIO – Educação Financeira: planejamento, lições práticas e sustentáveis – 3º ano